CLAUDIO BARRERA

CANCIONES PARA UN NIÑO DE SEIS AÑOS

ERANDIQUE
COLECCIÓN

CANCIONES PARA UN NIÑO DE SEIS AÑOS
CLAUDIO BARRERA

©Colección Erandique
Supervisión Editorial: Óscar Flores López
Diseño de portada: Andrea Rodríguez
Administración: Tesla Rodas—Jessica Cordero
Director Ejecutivo: José Azcona Bocock
Primera Edición
Tegucigalpa, Honduras—Noviembre de 2024

UN POETA CON CORAZÓN DE NIÑO

Un sapito que quiso volar. Un zanate lépero y una clarinera que se van a una feria de Comayagüela. Un pajarito de oro, un ratón color de canela…

Un niño que va a la escuela nos dice que plantará un árbol cuando sea grande para que todo el mundo goce su sombra.

Inspirado en el amor a su sobrino Luis Martín, Claudio Barrera escribió cada mañana pequeños versos que más tarde le leía.

El poeta no tenía en mente darle forma de un libro. Sin embargo, terminó publicando una de las primeras obras escritas para niños.

Canciones para un niño de seis años es un libro hermoso que los padres les pueden leer a sus hijos en una sola noche.

¿No les parece una buena idea en estos tiempos en los que la tecnología impide a muchas familias vivir aquella tradición en la que papá y mamá (o los abuelos), les contaban historias a los niños de la casa antes de la hora de dormir?

En nombre de Colección Erandique doy las gracias a la familia del poeta Claudio Barrera, en especial a su hija, la doctora Delfina Alemán, por autorizarnos a publicar este hermoso canto infantil.

Óscar Flores López
EDITOR COLECCIÓN ERANDIQUE

CÓMO FUE ESCRITO ESTE LIBRO

Este librito, que hoy llega a los niños, bajo el nombre que nosotros le pusimos: "CANCIONES PARA UN NINO DE SEIS AÑOS". No fue escrito en un todo orgánico, esto es, preparado para ser dado a luz, como libro. Su historia es diferente. Y es la que pasamos hoy. brevemente, a narrar.

Luis Martín Alemán, nuestro hijo, nacido aquí en Tegucigalpa, partió con nosotros, rumbo a Costa Rica, al tener dos años de edad. Allá, a su debida edad, entró al Kindergarten del Colegio de Monjitas mixto "Santa Catalina de Sera", donde hoy cursa ya el tercer grado de primaria.

Estando, pues, en dicho Kindergarten, a la edad de seis años, meses antes de la guerra con El Salvador, preparaban los niños y las religiosas una velada cultural y artística.

"CLAUDIO BARRERA" (Vicente Alemán h.), tío de Luis Martín, nos visitaba, cuando estábamos aquí en Tegucigalpa, todas las mañanas a las ocho, en que venía a tomarse una taza de té con nosotros.

En una de esas visitas, le contamos de la velada que preparaban las Hermanitas y como Claudio nos preguntaba mucho de Luis Martin, le pedimos que nos hiciera unos versitos para él, los que pudieran ser utilizados en la velada en referencia.

Y así fue como, todos los días (¡día a día, digna inspiración de un gran poeta!) nos traía unas hojitas en que venían 2 o 3 poemitas, los que, según nos contaba él mismo, "los había escrito con gran cariño, pero con mayor facilidad" en las mañanitas, luego de levantarse y antes de venirnos a ver.

Cuando hubo necesidad de partir hacia Costa Rica, vimos que, de broma en broma y de risa en risa y del gran amor de él hacia Luis Martin (a quien volvería a ver, ya de siete años y medio, cuando meses después lo traeríamos a Honduras), teníamos en nuestras manos, decíamos, un librito completo, de poemas infantiles, que creemos que es de las pocas veces que en nuestro país, un bardo hondureño, ha escrito para los niños.

Nosotros le dijimos a Claudio Barrera, o a Vicente, como lo llamábamos en la familia, que íbamos a editar todos aquellos poemitas en un librito. Que sería el mejor recuerdo que Luis Martin tendría de su tío. El accedió contento y nos dijo: "Pero lo voy a revisar, pues ustedes saben que lo escribí a la carrera, como me lo dictaba el cariño hacia Luis Martín y la inspiración, así que probablemente le haré ciertos cambios".

Nosotros nos opusimos a ello. El libro tenía que salir así, con la clara sencillez del agua y de la rosa, tal como él, inspiradamente, lo había escrito.

Y hoy ve la luz esta obrita, gracias al entusiasmo que la Dirección de la Lotería Nacional ha mostrado hacia una obra dedicada a la niñez hondureña y en homenaje a Claudio Barrera, que formó parte de la Institución varios años y que la Lotería Nacional piensa obsequiar a los niños de Honduras.

Y estas eran, pues, las palabras que deseábamos poner en las páginas de antelación de la propia poesía infantil que aquí se contiene. Son los versos de un poeta que tenía alma de niño, escritos para la mente, el alma y la psicología del mundo infantil centroamericano.

Y por ello, pues, aquí concluimos nuestro breve prefacio.

LUIS ALEMÁN.   **ESTELA DE ALEMÁN.**

LUIS MARTÍN, SOBRINO DEL POETA CLAUDIO BARERRA.

I

Soy un niñito
muy educado.
Limpio mis dientes,
lavo mis manos.

Les doy a todos
los buenos días,
y los domingos
me voy a misa.

Tengo una bola
y un conejito
y un aro grande
y otro chiquito.

Cuando me piden
que me persigne,
todas las noches
Dios me bendice.

II

Catalina de Sena,
Catalinita.
Eres en esta escuela
la más bonita.

Nosotros te traemos
Todos los días
Flores para que adornes
la capillita.

Y como te queremos
y eres tan buena,
protege nuestra escuela,
Virgen de Sena.

III

Santa Catalina,
dame otro librito,
porque ya el que tengo
se rompió un poquito.

Dame un lápiz nuevo
y un cuaderno limpio.
Y un barquito de oro
para echarlo al río.

No puedo leer
ni puedo escribir
y difícilmente
pongo Luis Martín.

IV

Santa Catalina
se llena de flores
porque hoy ha barrido
San Martín de Porres.

Santa Catalina
no sabe qué hacer
cuando los niñitos
no saben barrer.

V

Niñitos de la escuela,
hoy ha llovido
y hay pedazos de estrellas
en el camino.

Relumbran a lo lejos
con tanto brillo,
que se ve que es el cielo
que se ha caído.

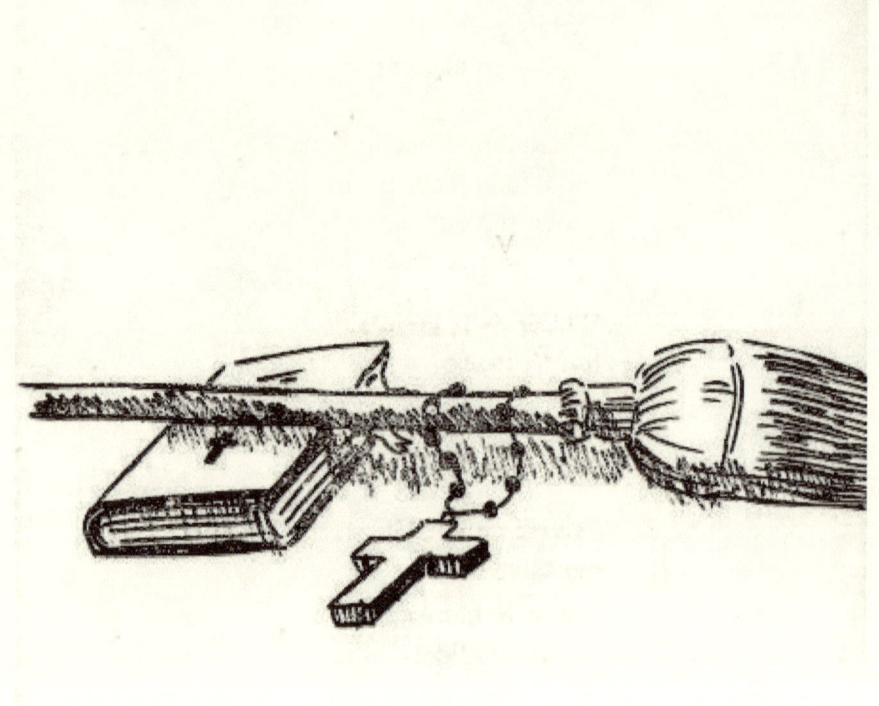

VII

La escuela es bonita.
La maestra es linda.
Mas la más bonita
Santa Catalina.

Ella nos da clases
de amor en el cielo.
Sus ojitos miran
detrás de un lucero.

Y cuando me duermo
y sueño con ella,
siento que me alumbra
la luz de una estrella.

VIII

Un pajarito de oro
bajó al jardín.
Y al mirarme llorando,
me dijo así:

¿Cómo te llamas, niño?
Soy Luis Martín.
¿Y de dónde has venido?
De otro país.

¿Y hay niñitos tan buenos
como tú allí?
Sí, pero no con el alma
de Luis Martín.

IX

Cantemos todos
los niños de la escuela,
las canciones dulces
de la Primavera.

Canciones rosadas,
canciones azules
y de mil colores,
como son las nubes

Los más pequeñitos
cantarán a coro
canciones que el aire
las convierte en oro.

Y las más bonitas,
cantando en el aula,
serán campanitas
sonoras de plata.

X

Cuando llego a la Capilla,
la monjita me pregunta:
¿Qué sabes hoy, Luis Martín?

Y le contesto contento:
Pues tocar las campanitas
de la escuela: Din, dan, din.

XI

Cuando yo sea grande,
plantaré un árbol.
Cuando crezcan sus ramas
me darán sombra.

Y formarán coronas
sus flores bellas
para adornar las aulas
de las escuelas.

Cuando yo sea grande,
plantaré un árbol,
para que todo el mundo
goce su sombra.

Y cuando esté cubierto
de bellas flores,
haré que me acompañen
en mis amores.

XII

Un zanate lépero
y una clarinera
fueron a la Feria
de Comayagüela.

Dieron muchas vueltas
en los caballitos
y en el chingolingo
perdieron el pisto.

Cuando regresaban
por el puente viejo,
le dijo el zanate
con tono muy cuerdo:

Así son las cosas
en todas las ferias:
Para unos alegres,
para otros tristezas.

XIII

Un ronrón vestido
de capa y sombrero,
con gran arrogancia
salió de paseo.

Una araña joven,
que estaba en la casa,
a este ronroncito
dijo: ¿Qué le pasa?

Luego vio asombrada
que en la enredadera
una ronroncita
le hacía unas señas.

Pero el ron-ron viejo,
de capa y sombrero,
muy indiferente.
siguió su paseo.

XIV

El Pájaro Carpintero
llamó al Martín Pescador
y en un tono salamero
le dijo con gran primor:

Yo haré una casa
sobre una rama
y es cosa tuya
si me acompañas...

Y el Martín le contestó:

Pero yo nunca
salgo del agua,
no sć qué haría
por la montaña.
Es cierto, amigo,
le dijo el pájaro.
que cada chivo
cargue su lana.

XV

Un ratoncito
color canela,
con un quesito
se fue a la escuela.

Los compañeros
lo descubrieron
y lo acusaron
con el maestro.

Los ratoncitos
sentían pena,
como sucede
siempre en la escuela.

Cuando le ponen
en la cabeza
a un ratoncito.
grandes orejas.

XVI

Este era un gatito
que no iba a la escuela.
Pasaba echadito
detrás de la puerta.

Una lora vieja,
que era la maestra,
no dejaba al gato
que echara su siesta.

Un perro altanero
gritaba con fuerza:
Gato vagabundo,
andate a la escuela...

Y el gato llorando
detrás de la puerta,
decía entre dientes,
con mucha tristeza:

Es que ellos no saben
lo que es la pereza.

XVII

Un pajarito
bajó de la rama.
Pío... Pío... Pío...
cantó en la ventana.

Lo agarró mi madre,
lo metió en la cama.
Y con un pañuelo
le secó las lágrimas.

Como el pajarito
se sentía mal,
le di un chuponcito
de miel y maná.

Y así fue que un día
se puso a cantar...
extendió las alas
y se echó a volar

XVIII

Un perro trompudo,
de color canela,
vigila la casa
como un centinela.

Fierabrás se llama
y el barrio le teme
porque todos saben
que ladra y que muerde.

Pero al pobrecito,
con toda su furia,
lo están trastornando
las pícaras pulgas.

XIX

Un sapito gordo,
sombrero y bastón,
muy planchado y tieso,
corbata marrón,
con zapatos negros
de fino charol,
llegó hasta una alberca
a tomar el sol.

Pero el jardinero,
perverso y truhan,
al mirar al sapo
catrín y galán,
le dio un escobazo
con tanto furor,
que el pobre sapito
se dio un chapuzón.

XX

"Naranja dulce,
limón partido",
se oye en la escuela
cantar los niños.

"Doña Ana no está aquí,
está en su vergel...",
cantan las niñitas
en su carrusel.

Niños y niñitas
están cantando a coro...
La Virgen es de plata
y el Niño Dios es de oro.

XXI

Una ranita
y un renacuajo,
muy campechanos
iban del brazo.

Ella luciendo
finos zapatos.
Y él estrenando
sombrero blanco.

Pero como iban
los dos de gala,
ninguno de ellos
se tiró al agua.

Y la ranita
y el renacuajo,
muy campechanos
siguen del brazo.

XXII

A mis amiguitos
les voy a contar
el cuento del sapo
que quiso volar.

Este era un sapito
negrito y timbón,
con patas de alambre
y ojos de carbón.

Se subió a la torre
de la catedral
y dijo: Esta noche
sí voy a volar.

Y sin más ni más,
contando hasta dos,
se tiró al vacío
y se destripó.

XXIII

Un lorito verde
hizo un nidito
en las ramas más altas
de un arbolito.

Y llegó un clarinero
a ver qué hacía,
y el lorito le dijo
que una alcancía.

Cuando lo vio echadito
sobre del nido,
pensaba el clarinero
muy compungido:

Este lorito pícaro
hoy me ha mentido.
Porque no hay igual dicha
que tener nido.

XXIV

Hoy es un día alegre
para todos los niños.
Se cerrará la escuela
y ya no habrá cuadernos,
ni lápices, ni libros.

Vendrán las vacaciones
con sus días tranquilos.
Y jugaré a los trompos
y a los mables de vidrio,
y elevaré cometas
en las puntas de un hilo
y construiré una choza
de ramas junto al río.

Estoy alegre, alegre,
como todos los niños,
porque no habrá cuadernos,
ni lápices, ni libros.

Pero pienso muy triste
que no vendré a la escuela,
ni jugaré en su patio,
ni cantaré sus himnos.
Que en la capilla blanca
ya no pondré los lirios.

Tal vez hasta en mis juegos
tendré nuevos amigos,
y acaso hasta me aleje
por inmensos caminos,
lejos de mis maestras,
lejos de mis amigos.

Adiós, escuela amada.
Adiós todos los niños.
Adiós a mis cuadernos,
mis lápices, mis libros.

XXV

Los cielos más bonitos
que hay en la Tierra
son los cielos azules
de Centroamérica.

Cubren a Costa Rica
cintas de seda
que en el viento parecen
escarapelas.

A El Salvador lo guardan
fuegos del alba,
oro del horizonte,
rojo escarlata.

Nicaragua en el viento
se da al rocío...
y las nubes se duermen
en los caminos.

Cielos de primavera,
nubes de plata,
sinfonía celeste
de Guatemala.

Honduras es bonita
por los celajes
conque cubre el arcoíris
de sus paisajes.

Dios ha sido tan bueno
como un poeta
que pintara los cielos
de Centroamérica.

XXVI

San Martín de Porres
es un negrito
que en el cielo lo cuidan
los angelitos.

Cuando barre las nubes
que hay en el cielo,
se ilumina la noche
con sus luceros.

Y como va barriendo
con su escobita:
el cielo baja al patio
de la escuelita.

www.ingramcontent.com/pod-product-compliance
Lightning Source LLC
Chambersburg PA
CBHW020422150626
46554CB00014B/2354